Die Unternehmer-Organisation der deutschen Drahtindustrie.

Inaugural-Dissertation

zur

Erlangung der Staatswissenschaftlichen Doktorwürde

der

Hohen Rechts- und Staatswissenschaftlichen Fakultät

der

Vereinigten Friedrichs-Universität Halle-Wittenberg

vorgelegt von

Heinz Seckelmann

aus Hamm i./Westf.

Bonn 1915

A. Marcus & E. Webers Verlag.

Referent: Herr Professor Dr. Dr. K. Wiedenfeld.

Tag der mündlichen Prüfung: 5. Januar 1915.

Mit Genehmigung der hohen Fakultät wird hier nur ein Teil der zur Prüfung eingereichten Arbeit veröffentlicht. Die ganze Abhandlung wird in der Sammlung „Moderne Wirtschaftsgestaltungen", herausgegeben von Prof. Dr. K. Wiedenfeld, als Heft 3 erscheinen.

Gemäß Beschluß der Hohen Fakultät und mit Genehmigung des Herrn Ministers der geistlichen und Unterrichtsangelegenheiten wird mit Rücksicht darauf, daß der Verfasser als Kriegsfreiwilliger bei der Fahne steht, von der öffentlichen Verteidigung der Dissertation und von der Aufstellung besonderer Thesen abgesehen.

Inhaltsverzeichnis

der ganzen Abhandlung.

I. Die wirtschaftliche Bedeutung des deutschen Drahtgewerbes.

In unserer heimischen Volkswirtschaft ist die Drahtindustrie ein uraltes Gewerbe, dessen Geburtsstätte im Herzen Westfalens, in der alten Grafschaft Mark, und zwar in der Gegend von Altena und Lüdenscheid lag. Wie eng das Volk von altersher tagtäglich mit ihr in Berührung gekommen sein muß, davon zeugt der reiche Kranz von Sagen und Märchen, mit dem die Volkspoesie die Erfindung dieses Gewerbes umsponnen hat. An aller wirtschaftlichen Entwicklung nahm sie stets den lebhaftesten Anteil, und noch in den letzten Jahrzehnten an dem gewaltigen industriellen Aufschwung, den das Deutsche Reich nach seiner politischen und wirtschaftlichen Einigung erleben durfte, in so hervorragendem Umfange, daß sie zusammen mit der engverbundenen belgischen Industrie zeitweise sogar den Weltmarkt fast vollkommen beherrschen konnte. In der allerletzten Zeit hatte dann freilich die deutsche Drahtindustrie den Kampf mit der mächtig aufblühenden ausländischen und besonders der amerikanischen Konkurrenz auszuhalten; aber auch da hat sie den Beweis erbracht, daß sie sich solchen Verhältnissen anpassen und aus eigener Kraft heraus ihre Weltmachtstellung verteidigen konnte. Unter der Ära des Wettbewerbes ist der Aufschwung nicht minder glanzvoll gewesen wie vorher. Allein in den letzten 10 Jahren hat sich die deutsche Drahtproduktion verdoppelt. Welch gewaltigen Faktor sie in unserm heutigen

Wirtschaftsleben spielt, möge man daraus ersehen, daß man die Walzdrahterzeugung für 1914 auf über 1 100 000 Tonnen bemessen muß [1]). Wenn man ferner bedenkt, daß höchstens ein Viertel dieser enormen Menge als „Walzdraht" ins Ausland geht, der Rest aber im Inland bleibt, um hier verfeinert zu werden, so kann man einen Rückschluß daraus ziehen, wieviel Tausende von Arbeitern und Beamten in diesem Gewerbezweig ihre Lebensstellung finden.

Als besonders vorteilhaftes Element kommt die große Mannigfaltigkeit und Verschiedenheit der Drahtprodukte hinzu, die nicht nur der individuellen Betätigung des Unternehmers große Bewegungsfreiheit läßt, sondern die auch gestattet, daß verschiedene Arten derselben selbst an geographisch ungünstig gelegenen Stellen noch rentierend hergestellt werden können.

Recht anschaulich schilderte einmal die Zeitschrift „Stahl und Eisen" [2]), wie oft wir in unserm täglichen Leben mit den Erzeugnissen der Drahtindustrie in Berührung kommen. Es hieß da:

„Es gibt kein zweites aus Eisen hergestelltes Erzeugnis, das sich einer so allgemeinen Verwendung erfreut wie der Draht. Jeder Bauer braucht ihn in Form von Nägeln und Zaundraht, ebenso wie seine Frau und seine Familie des Drahtes für die vielen kleinen häuslichen Verwendungszwecke in Form von Näh-, Steck- und anderen Nadeln bedarf. Man verwendet Draht zum Binden von Büchern, zum Anfertigen von Durchschlägen, zum Verkorken von Flaschen, zu Papierhaltern, Fensterschirmen und Drahtgeweben aller Art. Draht braucht der Schneider bei der Anfertigung von Kleidern, und Bilder werden mit Draht aufgehängt. Ein großer Teil des erzeugten Drahtes dient zu telegraphischen Zwecken, zu Trans-

---

1) Jahresbeteiligung der Mitglieder am Düsseldorfer Walzdrahtverband vor seiner Auflösung (August 1914) 1,125,000 Tonnen.

2) Garret in einer Zuschrift an die Zeitschrift „Stahl und Eisen", zitiert bei den Anlagen zu Heft 8 der kontradiktorischen Verhandlungen.

missionen, zum Tragen und Heben von Lasten, und wird ferner verarbeitet zu Fischhaken, Klaviersaiten, Schrauben, Nieten, Sprungfedern usw., kurz man könnte die Aufzählung bis ins Unendliche fortsetzen, was eben beweist, daß es kein Material gibt, das allgemeiner gebraucht würde, als der Draht."

Außerordentlich mannigfaltig und vielgestaltig ist auch der „Draht" als solcher, dieses „Produkt einer Operation, bei welcher Metalle durch Öffnungen von bestimmter Form gewaltsam durchgezogen werden, sodaß sie im Querschnitt die Größe und die Gestalt dieser Öffnungen annehmen, während ihre Länge auf Kosten der übrigen Dimensionen sich vergrößert" [1]). Wir müssen hier unterscheiden zwischen Eisen-, Stahl-, Kupfer-, Messing-, Tombak-, Argentan-, Zink-, Blei-, Silber-, Gold-, Platin-, Aluminium- und Neusilberdrähten. Zinndrähte kommen nicht vor. Außerordentlich verschieden sind sie dann alle wieder in Bezug auf ihre Form und ihren Durchmesser. Die dicksten runden Drähte erreichen z. B. einen Durchmesser von 14 mm, während die dünnsten aus unedlen Metallen einen solchen von nur 0,1 mm haben. Gold- und Silberdrähte werden sogar noch mit einem viel geringeren Durchmesser hergestellt, nämlich bis hinab auf 0,04 mm. Allerdings nimmt die Eisen- und Stacheldrahtindustrie eine so hervorragende Stellung ein, daß daneben die Metalldrahtfabrikation in den Hintergrund treten muß.

Unter der gewaltigen Zahl der Drahtverfeinerungswaren, deren Aufzählung beinahe ein Ding der Unmöglichkeit ist, nimmt die bedeutendste Stelle der „gezogene Draht" ein, der fast ausschließlich in Frage kommt, wenn wir von „Draht" als Konsumtionsgegenstand reden. Der „Walzdraht" ist nämlich eigentlich nur ein Halbprodukt, das erst einer weiteren Verarbeitung, dem „Ziehen" unterworfen werden muß, um wirklich verwendbar zu werden.

---

1) Fehland a. a. O. S. 1.

Durch diese Art der Behandlung, die auf kaltem Wege geschieht, wird er erst zum Fertigfabrikat oder zur Herstellung von Drahtwaren geeignet. „Walzdraht“ in gewöhnlichem Zustande wird nur ausnahmsweise verlangt, etwa zu rohen Einfriedigungen von Weiden, für Bauzwecke bei Ausführung von Eisenbeton usw. Alle Drahtwaren werden ausschließlich aus „gezogenem Draht“ hergestellt. Von diesem sind die bei weitem bedeutendsten die „Drahtstifte“, die jeder Laie als „Nägel“ kennt. Man verstand früher unter „Nägel“ ein mit der Hand geschmiedetes Fabrikat, das aber im Laufe der Zeit fast vollkommen durch die auf maschinellem Wege hergestellten „Drahtstifte“ verdrängt worden ist. Eine umfangreiche und bedeutende Industrie besteht daneben vor allem noch in Drahtseilen, Drahtgeflechten und Stacheldrähten.

Wir wollen uns hier nur mit „Walzdraht“, „gezogenem Draht“ und „Drahtstiften“ beschäftigen, weil dies Massenartikel sind und deswegen hauptsächlich für Produktion und Konsumtion in Betracht kommen. Die Anzahl der übrigen Drahtverfeinerungswaren sind mehr oder minder Spezialartikel und Qualitätswaren, und die Bedeutung ihrer Industrie tritt gegenüber der letzt aufgezählten drei Produkte ziemlich in den Hintergrund.

II. Die Organisation des Walzdraht-Gewerbes.

1. Die ersten Einigungsbestrebungen.

Die Ursachen, die auch die Walzdrahtproduzenten zu dem Gedanken führten, „die Wirtschaftsanarchie des Kampfes durch die Organisation der Kämpfer“ [1]) zu ersetzen, sind letzten Endes dieselben, die auch die andern Kartelle der Montan- und Eisenindustrie ins Leben riefen. Je mehr nämlich im Laufe der Zeit der Großbetrieb die Walzdrahtproduktion aufnahm, und je mehr damit die An-

1) Wiedenfeld, Kohlensyndikat a. a. O. S. 1.

lage-und Betriebskosten über die pekuniäre Macht des Einzelunternehmers hinausgingen, desto mehr mußte sich das unpersönliche Kapital und mit ihr das Großkapital der Banken auch in den Vordergrund dieses Gewerbezweiges drängen; die persönliche Einzelfirma und die offene Handelsgesellschaft verschwanden allmählich vollkommen aus dem Kreis des Walzdrahtgewerbes, und an ihre Stelle traten die unpersönlichen Kapitalgesellschaften, wie Aktiengesellschaft und Gesellschaft mit beschränkter Haftung: das Walzdrahtgewerbe wurde also wie die Montan- und Schwereisenindustrie ein Zweig der großkapitalistischen Unternehmungen. Die Sorge um eine rentierende Verzinsung dieser großen stehenden Kapitalien und um die Erhaltung der für Großbetriebe unbedingt erforderlichen Kontinuität des Betriebes veranlaßte dann die Unternehmer, einen Teil ihrer Selbständigkeit zugunsten der Stabilität der Wirtschaftsgestaltung, wie sie durch einen Kartellierungszusammenschluß erreicht werden konnte, zu opfern.

Dazu kam, daß sich im Laufe der Jahre bis 1897, wo das eigentliche Kartellzeitalter für die Drahtindustrie im allgemeinen und für das Walzdrahtgewerbe im besonderen einsetzte, fast die gesamten Vorstufen der Walzdrahtproduktion schon zu fest organisierten Kartellen zusammengeschlossen hatten. Es bestanden damals schon das Rheinisch-Westfälische Kohlensyndikat und das Roheisensyndikat, zu dem ein Halbzeugverband hinzukam. Es war also von selbst gegeben, auch die folgende Stufe, die Walzdrahthervorbringung, zu syndizieren, um auf diese Weise den Walzdrahtpreis den Preisen der Vorprodukte anzupassen.

Als weiterer wichtiger Grund für die Walzdrahtkartellierung kam hinzu, daß die Walzdrahtproduktion gleichsam die Eingangstür zur übrigen Drahtproduktion, nämlich zur Drahtverfeinerung ist. Wollten sich hier Kartelle bilden, so mußten sie sich alle auf einen Verband der Walzdrahtproduzenten stützen können. Gerade die Lage der Drahtverfeinerung aber hatte sich in den 90er Jahren des vorigen Jahrhunderts so gestaltet, daß für sie die Kartellbildung eine Lebensnotwendigkeit war. Besonders die deutschen Drahtstiftenhersteller bedurften dringend den Schutz einer solchen Organisation. Sie waren bis zu 50—60% ihrer Erzeugung auf den Konsum des Auslandes angewiesen, und bis 1895 waren sie zusammen mit den belgischen Werken die sonst unbeschränkten Beherrscher des Weltmarktes gewesen. Mit diesem Zeitpunkt setzte aber das mächtige Aufblühen der jungen amerikanischen Konkurrenz ein, die der deutschen Drahtindustrie ihre Weltmachtsstellung plötzlich zu entreißen drohte.

Schon im Jahre 1888 nämlich, als die Vereinigten Staaten von Amerika zur Befriedigung ihres Drahtbedarfs noch 50—60% einführen mußten, hatte Mr. Gates, der spätere Schöpfer und Leiter des Drahttrusts, vor dem Senate Comitee of Finances erklärt: „Wenn ihr uns einen Zoll von $^{6}/_{10}$ Cent auf das Pfund Draht gebt, so produzieren wir binnen 10 Jahren unsern ganzen Bedarf“ [1]). Dem hatte der Mc Kinley-Tarif stattgegeben, und in der Tat hatte sich die amerikanische Drahteisenindustrie seitdem mächtig ausdehnen können. Sie schritt alsbald auch zu einer gewaltigen Konzentrationsbewegung, zur vollkommenen Vertrustung der amerikanischen Drahtindustrie. Schon im Jahre 1891 bildete sich die „Consolidated Steel and Wire Company“ in Illinois mit einem Kapital von 4 000 000 Doll. und einer Produktionsfähigkeit von 90 000 tons Walzdraht (wire rods), 275 000 tons glatten Draht und 120 000 tons Stacheldraht pro Jahr, sowie 3000 kegs (= 254 tons) Drahtstifte pro Tag. Im April 1898 folgte dann die Gründung der „American Steel and Wire Company of Illinois“ mit einem Kapital von 24 000 000 Doll. und 1899 aus dem Zusammenschluß dieser Vereini-

1) Anzeiger f. d. Drahtindustrie 1902 (25. Oktober) No. 20.

gung mit 7 andern Riesenunternehmungen die „American Steel and Wire Company of New Jersey" mit einem Aktienkapital von 90 000 000 Doll., die alle amerikanischen Draht- und Drahtwarenproduzenten in sich vereinigte. Den Abschluß fand diese Vertrustung mit der Gründung der „United States Steel Corporation" mit einem Kapital von 1 125 000 000 Doll., in die die Steel and Wire Company aufging.

Die amerikanische Drahtindustrie arbeitete infolge dieser enormen Vertrustung, wenn wir von der Überkapitalisierung, die ihr später doch einen Strich durch die Rechnung machte, absehen, unter außerordentlich günstigen Bedingungen. Alle Fabriken, die den schärfsten Anforderungen an ein ratierliches Arbeiten aus irgend einem Grunde nicht entsprachen, legte der Drahttrust einfach still und konzentrierte den Betrieb auf die rentabelsten Fabrikationseinrichtungen. Wenn Mr. Gates seinerzeit vor der Enquetekommission, welche für die Untersuchung des Trustwesens vom Kongreß eingesetzt war, erklärte: „Wir wollen die Welt für unsere Drahtindustrie erobern, wir wollen die Drahtfabrikanten der Welt werden", so sollte die Entwicklung ihm nicht ganz Unrecht geben. Die Einfuhr an Walzdraht nach den Ver. Staaten sank

von 97 111 641 engl. Pfund im Jahre 1892
auf 33 153 178 engl. Pfund im Jahre 1897.

Die Ausfuhr stieg dagegen

von	32.789.043	engl. Pfund	im Jahre	1893
auf	43.778.268	„	„	1894
„	61.093.717	„	„	1895
„	70.929.766	„	„	1896
„	107.729.155	„	„	1897
„	137.054.694	„	„	1898
„	215.194.475	„	„	1899
„	236.772.806	„	„	1900

Dieselbe riesige Zunahme des amerikanischen Exports in diesen 8 Jahren zeigt die Ausfuhrstatistik für amerikanische Drahtstifte:

1893	2 300 501	engl. Pfund
1894	3 233 776	„ „
1895	4 367 257	„ „
1896	8 031 927	„ „
1897	9 941 713	„ „
1898	22 894 099	„ „
1899	51 233 212	„ „
1900	84 635 468	„ „

Je mehr aber die amerikanische Drahtindustrie erstarkte, desto mehr mußte die deutschen Drahtproduzenten der Wunsch beseelen, diesen amerikanischen Emporkömmling zu bekämpfen; und mit der Gründung der „American Steel and Wire Company" im Jahre 1898, die nun die gesamten amerikanischen Draht- und Drahtwarenfabriken zu einem einheitlichen und ganz gewaltigen Wirtschaftsfaktor zusammenballte und jetzt von einer Zentralstelle aus, von einem Ausfuhrbüro in New York sämtliche Absatzgebiete des Weltmarktes besonders für Drahtstifte in der nachdrücklichsten Weise bearbeiten ließ und den amerikanischen Draht und Drahtwaren überall Eingang zu verschaffen suchte, da wurde aus dem Wunsch einfach eine Existenzfrage. Jetzt hieß es, mit vereinten Kräften mit dem jungen amerikanischen Riesen um die Herrscherstellung auf dem Weltmarkt und damit um das Leben überhaupt kämpfen. Mit den Jahren 1897/98 erhalten deswegen die Kartellierungsbestrebungen der Drahtindustrie erst ihre rechte Triebkraft, und von einer eigentlichen Kartellära in diesem Gewerbezweige kann man erst von diesem Zeitpunkt an reden.

Organisationsbestrebungen können wir allerdings bis in die siebziger Jahre zurückverfolgen. Jedoch lösten sich diese Verbände alle ohne Ausnahme nach recht kurzer Zeit wieder auf; und ein besonderes Interesse können sie, von der wirtschaftsgeschichtlichen Bedeutung abgesehen, deswegen nicht für sich in Anspruch nehmen. Bei ihrer Dauer, die im besten Falle ein Jahr währte, kann natürlich von irgendwelcher durchgreifenden Bedeutung derselben für die betreffenden Industriezweige keine Rede sein. Immerhin mögen sie der Vollständigkeit halber berührt werden.

Die Zeit vor 1870 können wir ganz übergehen; zur Orientierung über diesen Zeitabschnitt verweise ich auf die Münstersche Dissertation von Dr. Karl Knapmann, „Das Eisen- und Stahldrahtgewerbe in Altena bis zur Einführung der Gewerbefreiheit", ein Beitrag zur Vorgeschichte der Kartelle, Leipzig 1907, und ferner auf die Schrift von August Alexander Eversmann, „Die Eisen- und Stahlerzeugung auf Wasserwerken zwischen Lahn und Lippe. Dortmund 1804". Den ersten Kartellierungsversuch der Drahtproduzenten im neugegründeten Deutschen Reiche stellt die „Vereinigung der Draht- und Stiftefabrikanten" aus dem Jahre 1877/78 dar. Es war ein inländisches Preis- und Konditionenkartell der rheinisch-westfälischen Drahtwerke. Die Vereinigung sollte sich vorläufig nur auf das Inland erstrecken, als dessen Grenze mit Rücksicht auf die süddeutsche und schlesische Konkurrenz festgestellt wurde: im Süden — Saarbrücken, Mainz, Darmstadt, Aschaffenburg, Würzburg, Bamberg, Bayreuth, Hof, Chemnitz, Dresden; im Osten — Swinemünde, Stettin, Kreuz, Cottbus, Dresden. Die vorgenannten Orte und alles, was weiter lag, wurden als Ausland betrachtet; Dänemark dagegen gehörte zum Inlandsbezirk [1]).

Ein zweiter Versuch wurde Anfang Oktober 1885 gemacht, und zwar mit dem Ziele, die „Walzdrahtproduktion an den Verbrauch anzupassen". Es fand

1) Horst a. a. O. S. 25.

diesmal schon eine Kontingentierung der Werke, also eine ziffernmäßige Festlegung der Produktionsquanten der Mitglieder statt. Aber bevor der Verband recht in Wirksamkeit trat, wurde er schon im 9. Monat seines Bestehens, im Juni 1886, wieder aufgelöst.

Ein dritter Versuch wurde dann am 16./17. November 1887 gemacht. In diesem schon recht straff organisierten „Verband deutscher Drahtwalzwerke“, dem allerdings nur eine einjährige Dauer beschieden war, vereinigten sich 19 Drahtwalzwerke. Jedem von ihnen wurde ein bestimmter Prozentsatz an der gesamten Produktion zugeteilt. Man legte also nicht nur den Walzdrahtabsatz, der von einer gemeinsamen Verkaufsstelle in Hagen organisiert wurde, sondern auch den Selbstverbrauch der gemischten Werke ziffernmäßig fest [1]).

Das nachfolgende Mitgliederverzeichnis gibt zugleich auch vom wirtschaftshistorischen Standpunkt aus einen interessanten Überblick über die Zusammensetzung der deutschen Walzdrahtproduzenten im Jahre 1887. Außenseiter gab es zu jener Zeit nicht. Dieser „Verband deutscher Drahtwalzwerke“ umfaßte folgende Werke:

1.	Aachener Hütten-Akt.-Verein Rothe Erde	3,324% [2])
2.	Boecker u. Comp.	7,536%
3.	Böcking u. Co.	5,132%
4.	Düsseldorfer Drahtindustrie	5,114%
5.	Eisenindustrie zu Menden und Schwerte	6,041%
6.	Eschweiler Drahtfabrik	5,057%
7.	Flender, Schlüter u. Vollrath	3,447%
8.	Funcke u. Elbers	2,618%
9.	Funke, Borbet u. Co.	3,756%
10.	Gutehoffnungshütte	2,887%
11.	Krieger u. Co.	10,094%

---

1) Zur näheren Orientierung über die Organisation dieses Verbandes verweise ich auf das im Anhang befindliche Statut.

2) Der Prozentsatz bedeutet die Beteiligung der einzelnen Mitglieder an der gesamten Verbandsproduktion.

12. Hoesch		5,781%
13. Phönix, Ruhrort		6,042%
14. Steinhauser Drahtindustrie		5,357%
15. Friedr. Thomée		1,219%
16. de Wendel u. Co.		2,478%
17. Westfälische Drahtindustrie		12,162%
18. Westfälische Union, Hamm	5,145%	
Lippstadt	2,394%	
Nachrodt	1,983%	9,522%
19. Witte u. Kämper		2,433%
		100,00%

Aber, wie gesagt, fehlte allen diesen Verbänden die innere Notwendigkeit. Teilweise waren sie auch wohl falsch organisiert; aber meistens wollten die Unternehmer diesen lästigen Kartellierungszwang, der ihrem Expansionsbedürfnis zu enge Schranken setzte, nicht lange auf sich nehmen, und die wirtschaftlich stärksten waren immer die Störenfriede.

Erst als im Jahre 1897 der Zusammenschluß auch für diese oder vielmehr gerade für diese eine Existenzfrage wurde — denn besonders die größten Werke waren auf den Export angewiesen — da bequemten auch sie sich, der Not gehorchend, nicht dem eignen Triebe, teilweise ihre Selbständigkeit aufzugeben und sich endgültig zu organisieren.

Die Kartellierungsbestrebungen führten jetzt verhältnismäßig leicht zum Ziel. Auf der einen Seite war ein möglichst gleichmäßiges Produkt, ein Standardtyp, und auf der anderen Seite gab es wenige, dafür aber große kapitalistische Produzenten. Im großen und ganzen kann man nämlich bei Walzdraht von einem Standardtyp sprechen, wenn man auch immerhin kleine Unterschiede der Güte und Ausführung findet, und die Produktion liegt, wie wir sahen, fast ausschließlich in den Händen der Großindustrie, die sich aus Kapitalgesellschaften wie A.-G. und G. m. b. H. zusammensetzt.

So nahmen denn diese Bestrebungen zur Kartellbildung im Jahre 1897 eine feste Gestalt an. Es gelang am 17. Juli desselben Jahres, eine Vereinigung der deutschen Walzdrahtproduzenten im „Deutschen Walzdrahtsyndikat" zu erzielen.

2. Das „Deutsche Walzdrahtsyndikat" (1897/1901)

Der Zusammenschluß der deutschen Walzdrahtproduzenten zu dem „Deutschen Walzdrahtsyndikat" geschah, um einerseits den „gegenseitigen, ungesunden", für alle Werke verderblichen Wettbewerb zu beseitigen und eine Regelung des Absatzes an rohem Walzdraht vorzunehmen. Der Hauptzweck aber war: eine Grundlage zu bilden für die Verbandsbestrebungen in der Drahtverfeinerungsindustrie, vor allem für die Drahtstifte und gezogenen Drähte. Ihre besondere Notlage hatten wir schon kennen gelernt. Wenn wir die Organisation des Hagener Walzdrahtsyndikats recht verstehen wollen, so müssen wir vor allem diesen Gesichtspunkt festhalten, daß dieser Verband eigentlich nur das Mittel zu dem Zweck war, den Drahtverfeinerungsverbänden die zu ihrem Gelingen und Wirken notwendige Grundlage zu geben. Nur war die bei der Gründung vorgesehene Verbandsdauer von einem Jahre für diesen Zweck viel zu kurz: die Bestrebungen, Verbände für die Drahtverfeinerung ins Leben zu rufen, sind zunächst alle ergebnislos im Sande verlaufen. Aber zu einer längeren Zeitdauer hatte man die Walzdrahtproduzenten bei der Gründung nicht bewegen können; sie wollten zuerst den Saldo ziehen zwischen Vor- und Nachteilen, die ihnen das Syndikat in dieser Probezeit gewähren würde, und daraus entnehmen, ob sie in eine Verlängerung einstimmen oder den Verband kündigen sollten. Die Verlängerung des Verbandes auf vier Jahre, die das Jahr 1898 doch brachte, bewirkte dann auch, daß ein „Verband deutscher Drahtstiftfabrikanten" (Verkaufsstelle: Delbrück, Leo u. Co.,Berlin) ins Leben trat, dessen Entstehen und Ausbau das Deutsche Walzdrahtsyndikat nach Möglichkeit förderte. Ein „Verband für gezogene Drähte" dagegen, dem das Walzdrahtsyndikat besondere Liebe entgegenbrachte und dessen Zustandekommen es „mit allen ihm zu Gebote stehenden Mitteln" ebenfalls zu bewirken suchte, sollte immer wieder an der Schwierigkeit scheitern, die die zu syndizierende Materie infolge ihrer großen Mannigfaltigkeit und Verschiedenheit darbot.

Doch betrachten wir zunächst einmal die recht interessante Organisation des Deutschen Walzdrahtsyndikats. Der Zusammenschluß umfaßte das ganze deutsche Reich. Für Niederrhein und Westfalen bestand eine Verkaufsgemeinschaft, welche mit den damaligen süddeutschen Werken (de Wendel-Hayingen, A.-G. Krämer-St. Ingbert und Stumm-Neunkirchen) und mit der Oberschlesischen Eisenindustrie-Gesellschaft in Gleiwitz in O.-S. Gebietsschutzverträge abgeschlossen hatte. Mit der Firma A. H. W. Dresler in Kreuzthal, welche nur Puddelwalzdraht herstellte, der nicht unter den Verband fiel, bestand ein Sonderabkommen über den Einkauf ihres Bedarfs an Verbandswalzdraht, den es zu eigener Verfeinerung oder zur Mitlieferung bei Ausführung von Aufträgen auf Puddelwalzdraht nötig hatte.

Nennenswerte Außenseiter gab es bei der Gründung des Verbandes nicht. Die A.-G. Düsseldorfer Röhren- und Eisenwalzwerke, die nicht beitraten, hatten allerdings in Beiladung zu anderm Walzgut im Jahre etwa 30 Tonnen Walzdraht abgesetzt; es vergingen aber Monate, in denen nichts geliefert wurde, und die Absatzmengen wurden auf der Feineisenstraße hergestellt und in ureinfacher Weise gehaspelt; für diesen Absatz mußte das Werk die für Kleinverkäufe geltenden Mindestpreise auf Grund besonderen Abkommens einhalten. Dieses Werk und die Firma W. Ernst Haas u. Sohn in Neuhoffnungshütte, die ebenfalls außerhalb des Verbandes blieb, wandten sich der Drahtwalzung erst zu, nachdem sich unter dem Schutz des deutschen Walzdrahtsyndikats im Verein mit der allgemeinen Besserung der Geschäftslage ein gewinnverheißender Erfolg erwarten ließ. Die Firmen Stolz u. Co. in Eiserfeld und Carl Berg in Eveking blieben zwar auch dem Verbande fern, kamen aber ebenfalls, da sie sich nur „mehr nebenher" mit der Walzdrahthervorbringung befaßten, als „Außenseiter" nicht in Betracht.

Die Situation bei der damaligen Syndizierung stellt sich demnach folgendermaßen dar:

Es bestanden die drei Produktionsbezirke: 1. Niederrhein-Westfalen, 2. Süddeutschland und 3. Oberschlesien. Die niederrheinisch-westfälischen Drahtwalzwerke, die neben gewöhnlichem Walzdraht Fassons und Stahlqualitäten allein herstellten und zirka 83,62% der Gesamtjahresproduktion in sich vereinigten, schlossen sich zu einem verhältnismäßig straff organisierten Syndikat zusammen, in dem sowohl eine Preis- wie auch Vertriebskartellierung stattfand. Die drei süddeutschen Drahtwalzwerke, die nur gewöhnlichen Walzdraht in runder Form herstellten und ungefähr mit 7,78% an der Gesamtjahresproduktion beteiligt waren, waren zwar in keinem fest organisierten Syndikat vereinigt, hielten aber unter einander eine „enge Fühlung"; dieser „Walzdrahtverband süddeutscher Drahtwalzwerke" in Neunkirchen stellte im großen Ganzen nur eine Preiskonvention dar. Der oberschlesische Produktionsbezirk, der 8,60% zu der Gesamtjahresproduktion beitrug, wurde allein von der Oberschlesischen Eisenindustrie in Gleiwitz in O.-S. gebildet, da diese das einzige Drahtwalzwerk Schlesiens war.

Diese drei Produktionsbezirke schlossen sich wieder ihrerseits zu einem „Absatzkartell", oder besser gesagt, zu einem „Gebietsschutzkartell" zusammen, sodaß also eine Art Schachtelsystem zustande kam. Dieses Absatzkartell war dann so organisiert, daß man eine Grenze festlegte, bei deren Überschreitung eine von Zeit zu Zeit wechselnde, in gemeinsamer Besprechung beider Gebietsvertreter beratene Schutzofferte abgegeben werden mußte. Diese Zusammenkünfte fanden auf Anregung eines der Beteiligten in engerem Kreise statt.

Das süddeutsche Gebiet wurde umgrenzt von der Landesgrenze und der Luftlinie Jünkerath-Koblenz-Gießen-Fulda-Hof, das oberschlesische Gebiet durch die Landesgrenze und Luftlinie Stettin-Frankfurt a. O.-Kottbus-Bautzen-Zittau; ausgenommen blieben hierbei Danzig und Königsberg. Das übrigbleibende Gebiet Deutschlands, einschließlich Danzig und Königsberg, bildete das Absatzgebiet des niederrheinisch-westfälischen Bezirks. —

Den Kernpunkt dieser ganzen Kartellierung bildet das Syndikat der niederrheinisch-westfälischen Werke, das eigentliche „Deutsche Walzdrahtsyndikat" mit dem Sitz in Hagen in Westf. Dieses trat auch allein an die Öffentlichkeit und ist sozusagen der „Großvater" der im August 1914 aufgelösten „Deutschen Drahtwalzwerke, A.-G." in Düsseldorf.

Das Syndikat vereinigte in sich folgende 17 Firmen, deren Produktion, wie wir schon gesehen haben, ungefähr 84% der Gesamterzeugung ausmachte, die folglich allein tonangebend im deutschen Walzdrahtgewerbe waren:

1. Aachener Hütten-Aktien-Verein, Rothe Erde,
2. Boecker u. Comp., Schalke,
3. Düsseldorfer Eisen- und Drahtindustrie, Düsseldorf,
4. Eisenindustrie zu Menden und Schwerte, Schwerte,
5. Eisen- u. Stahlwerk Hoesch, jetzt A.-G., Dortmund,
6. Eschweiler A.-G. für Drahtfabrikation, Eschweiler,
7. Eschweiler Eisenwalzwerk, Eschweiler,
8. Felten u. Guilleaume, Carlswerk, Mülheim a. Rhein, und die damit verbundenen Werke:
   E. Böcking u. Co., Mülheim a. Rhein,
   Düsseldorfer Eisenhütten A.-G., Düsseldorf,
9. Funke u. Elbers, Hagen i. Westf.,
10. Gutehoffnungshütte, Oberhausen,

11. Hasper Eisen- und Stahlwerk, Haspe i. Westf.,
12. Osnabrücker Kupfer- und Drahtwerk, Osnabrück,
13. „Phönix", Abteilung Westfäl. Union, Hamm i. Westf.,
14. Steinhauser Drahtindustrie, Bommern,
15. Friedrich Thomée, Werdohl,
16. Westfälische Drahtindustrie, Hamm i. Westf.,
17. Westfälische Drahtwerke, Langendreer.

Als Rechtsform wählte man die Gesellschaft des Bürgerlichen Rechts, von der Schaffung einer juristischen Person sah man ab. Man schuf zwar eine Verkaufsstelle, ließ diese aber nur als „Agent", nicht als „Kommissionär" im Sinne des Handelsgesetzbuches auftreten. Sie trat also nicht als selbständige Verkäuferin auf, sondern vermittelte nur die Geschäftsabschlüsse, die ihre Rechtsgültigkeit erst dann erlangten, wenn sie von den Werken angenommen wurden.

Die Mitglieder blieben, soweit dies natürlich eine Kontrolle auf gewissenhafte Befolgung der Verbandssatzungen zuließ, als Unternehmer vollkommen frei; nur mußten sie auf den selbständigen Verkauf ihrer Produktion verzichten. Ausgenommen wurde allein der sogen. „Handverkauf", d. h. Abschlüsse bis zu 5 Tonnen; diese Menge durfte, um den ganzen Verband elastischer zu machen und die Verkaufsstelle nicht mit den kleinsten Aufträgen zu belasten, selbständig verkauft werden und wurde nur quantitativ auf die Beteiligungsquote in Anrechnung gebracht. Die „Beteiligungsquote", in derem Verhältnis das einzelne Werk von der Verkaufsstelle Aufträge zugestellt bekam, stellte den verhältnismäßigen Anteil an dem jährlichen Gesamtabsatze des Verbandes dar. Im vorliegenden Falle legte man die vom 1. Juli 1895 bis zum 30. Juni 1896 getätigte Produktion zu Grunde.

Produktionseinschränkungen konnte das Syndikat nicht vorschreiben. Dieses war auch durch die Eigenart der Syndizierung, daß man nämlich nur den Inlandsabsatz erfaßte, schon an und für sich unmöglich. Die

Ausfuhr von Walzdraht ließ man also frei; man sah nur eine Strafe von Mk. 10.— für die Tonne und quantitative Belastung vor, wenn die für das Ausland bestimmte Lieferung doch „aus Versehen" auf ihrer Reise in Deutschland hängen blieb. Dieser Umstand, daß man das Exportgeschäft nicht syndizierte, war ein großer Mangel in der Organisation des Verbandes. Zu diesem Zugeständnis hatte man aber die beteiligten Werke nicht bewegen können. So sehr wollten sie sch ihrer Selbständigkeit nicht berauben lassen. Sie sahen das Auslandsgeschäft als ein „Sicherheitsventil" an, durch das sie im Falle der Arbeitsnot ihre Überproduktion abstoßen konnten. Dieser Mangel in der Organisation bewirkte, daß auch das Walzdrahtsyndikat über sich alle die Vorwürfe ergehen lassen mußte, mit denen man den Halbzeugverband in so reichem Maße überschüttet hatte, daß er nämlich zum Nachteil der inländischen Verbraucher „nationales Eigentum" ans Ausland verschleudert habe.

Ferner fiel nicht unter den Verbandsrahmen d e r f ü r d e n e i g e n e n B e d a r f bestimmte Flußeisen- und Stahlwalzdraht. Und das ist besonders wichtig; denn durch diese Art der Syndizierung verschob sich das Machtverhältnis innerhalb des Verbandes sehr zu Gunsten der sogenannten „reinen Werke". Wir müssen festhalten, daß auch in diesem Verbande der wirtschaftliche Gegensatz zwischen „reinen" und „gemischten" Werken vorhanden war. Der Verband vereinigte in sich zwei Gruppen, deren wirtschaftliche Bedingungen bei manchen Gelegenheiten, besonders aber bei der Preisfestsetzung, stark divergierten. Für das innere Verhältnis im Walzdrahtsyndikat ist es nun nicht von so großer Bedeutung, ob die Drahtwalzwerke sich die Vorproduktion, d. h. die Gewinnung von Rohprodukten und Halbzeug in eigenen Berg- und Walzwerken, angegliedert haben, sondern ob sie in eigenen Betrieben den von ihnen erzeugten Walzdraht zu gezogenem Draht, Drahtstiften oder sonstigen Drahtwaren weiterverarbeiten lassen und dadurch in scharfer, technisch und wirtschaftlich überlegener Konkurrenz zu den Abnehmern der „reinen“, also nur Walzdraht herstellenden Syndikatsmitglieder treten. Den gemischten Werken ist natürlich sehr daran gelegen, den Walzdrahtpreis möglichst hoch zu halten, um eine möglichst geringe Spannung zwischen diesem Preis und dem der verfeinerten Drahtware zu erreichen, um so einen Vorsprung vor den „reinen“ Verfeinern zu haben und ihre Konkurrenz möglichst zu beschränken. Den reinen Drahtwalzwerken dagegen, deren Abnehmer die reinen Drahtverarbeiter sind, muß natürlich möglichst daran gelegen sein, den Walzdrahtpreis niedrig zu halten, um so die reinen Verarbeiter konkurrenzfähig gegenüber den gemischten Werken zu machen. Das Wohlergehen der reinen Verarbeiter steht im engsten Zusammenhang mit dem der reinen Drahtwalzwerke. Blühen die ersteren, so florieren auch die letzteren. Ebenso macht sich auch das Darniederliegen dieser bei jenen nur zu sehr bemerkbar.

Infolge dieser eigenartigen Syndizierung, daß eben nur der Walzdraht, der zum Verkauf bestimmt war, vom Verbande erfaßt wurde, verschob sich in den Abstimmungen über die Preisfestsetzungen das Machtverhältnis außerordentlich zugunsten der reinen Drahtwalzwerke. So traten die großen Drahtwerke, wie z. B. „Phönix“ und „Westfälische Drahtindustrie“, vollkommen zurück, während Haspe seit 1898 allein fast ein Viertel der Gesamtbeteiligung umfaßte. Die reinen Werke vereinigten in sich bei der Gründung (1897) 61,60%, denen nur 38,40% als Beteiligung der gemischten Werke gegenüber standen. Es bestand demnach ein Verhältnis zwischen reinen und gemischten Werken wie 10 : 6,23. Bei der Verlängerung des Verbandes im folgenden Jahr (1898) verschob sich das Bild noch mehr zu Gunsten der reinen Werke, sodaß diese jetzt 66,23% der Beteiligung, die gemischten Werke dagegen nur 33,77% ausmachten. Das Verhältnis stellt sich also dar: gemischt-rein 10 : 19,6, bzw. rein-gemischt 10 : 5,1. Die natürlich nach dieser Beteiligungsgröße verteilten Stimmen ergaben denn auch zu Gunsten der reinen Werke 67, denen nur 34 Stimmen der gemischten Werke gegenüberstanden. Aber diese Art der Syndizierung, die durch Verständigung geschehen war, war eben deshalb unbedenklich, weil das Syndikat als die Grundlage für Bildung besonderer Verbände für den Verfeinerungsabsatz gedacht war. Die gemischten Werke konnten deshalb für die eigene Verfeinerung so viel Walzdraht herstellen, wie sie im Hinblick auf die Absatzmöglichkeit für gut hielten und wie es die Betriebseinrichtungen zuließen; andererseits waren die reinen Werke auch nicht gebunden, sich eigener Verfeinerung zu enthalten. Vor Auswüchsen waren beide Teile durch das Streben nach einem gemeinsamen Ziel gesichert; denn größeren Wert, als die Walzdrahtsyndizierung an sich, hatte die Hebung des Drahtgewerbes in der Verfeinerung. Zu Gunsten der Abnehmer der reinen Werke enthielt der Syndikatsvertrag noch die Bestimmung, daß die gemischten Werke gezogenen Draht nur zu einem Mindestpreis über den Walzdrahtpreis verkaufen durften. Allerdings war diese Verpflichtung auch den Käufern von Walzdraht, also den reinen Verfeinerungswerken, auferlegt (Artikel 1, Abs. 5).

Für das Verhältnis zwischen „reinen“ und „gemischten“ Werken brachte die Statutenänderung, die bei der Verlängerung des Verbandes im Jahre 1898 vorgenommen wurde, noch eine ziemlich weittragende Bestimmung. Es wurde nämlich den r e i n e n Drahtwalzwerken gestattet, mit Genehmigung des Vorstandes ihre Beteiligung an andere Syndikatsmitglieder ganz oder teilweise abzutreten, derart daß die auf Grund solcher Abtretungen erfolgten Lieferungen nicht auf den Anspruch des liefernden, sondern auf den des abtretenden Werkes verrechnet wurden. Der Vorstand durfte seine Genehmigung nicht versagen, wenn das abtretende Werk sich verpflichtete, während der Abwicklung des betreffenden Geschäfts keinen Draht für das Ausland zu walzen. Im übrigen sollten die Rechte und Pflichten des abtretenden Werkes durch diese Abtretungen nicht beeinflußt werden. Den „gemischten" Werken stand im Falle von Betriebsstörungen an den Drahtwalzstraßen nach Prüfung des Falles durch den Vorstand mit dessen Genehmigung das gleiche Recht zu[1]). Mit dieser Bestimmung wurde bezweckt, daß der Anspruch eines Werkes, welches nicht lieferfähig war oder nicht liefern mochte, nicht völlig verloren ging. Damit aber die bei dem abtretenden Werke ausfallende Inlandslieferung nicht durch verstärkte Auslandslieferung an anderer Stelle einen Wettbewerb bereitete, wurde der Auslandsabsatz dieses Werkes auf seinen bisherigen Umfang beschränkt. Es konnte auch ein reines Werk nicht genügend lieferungsfähig sein, während das gemischte Werk seine ganze Erzeugung für die eigene Verfeinerung nötig hatte. In diesem Falle lag es im Vorteil beider Werke, den Austausch vorzunehmen, besonders dann, wenn das gemischte Werk selbst als Walzdrahtkäufer auftrat oder geographisch für das Hauptabsatzgebiet eine unvorteilhafte Lage hatte. Der Austausch geschah deshalb, vom wirtschaftlichen Standpunkt aus betrachtet, zum Vorteil der Gesamtheit.

Bei der Gründung des Verbandes hatte man den „Spezialwalzdraht", d. h. „runder Qualitätsflußeisen- und Stahlwalzdraht, also auch Siemens-Martindraht, soweit solcher mit einem Überpreise von Mk. 3.— die Tonne oder mehr verkauft wurde, Flach- und Fassonwalzdraht" [2]). bezüglich der Preisstellung den Verbandsmitgliedern freigegeben und die gelieferten Mengen wurden nur quantitativ verrechnet. Aber schon ein Jahr später, bei der Verlängerung des Verbandes am 1. Oktober 1898, syndizierte man auch den Spezialwalzdraht und bildete

1) Artikel 6, Statuten 1898.

2) Artikel 4.

für diesen eine besondere Gruppe aus sechs Werken [1]. Die übrigen Werke beteiligte man an der Produktion in Spezialwalzdraht mit einer für jedes Werk festgesetzten Tonnenzahl, über die hinaus diese Werke derartigen Walzdraht nicht für den eigenen Bedarf herstellen oder in Lohn auswalzen durften. Gingen diese Werke über die ihnen zustehenden Mengen hinaus, so mußten sie für diese Überschreitung eine Abgabe von Mk. 15.— pro Tonne an die Spezialwahlzdrahtgruppe zahlen, während ihnen für Minderherstellung kein Anspruch zustand (Artikel 4, Statuten 1898).

Was den organischen Aufbau des Verbandes anbetrifft, so ist zu erwähnen, daß er sich im großen Ganzen an das Vorbild hielt, das die damals schon bestehenden Kartelle in der Eisenindustrie boten. Es bestanden drei Organe des Verbandes:

1. die Hauptversammlung,
2. der Vorstand,
3. die Verkaufsstelle, die aber nur, wie wir sahen, mit den Funktionen eines Agenten im Sinne des Handelsgesetzbuches ausgerüstet war.

Die Verkäufe selbst fanden frachtfrei der der Verbrauchsstelle zunächst gelegenen Vollbahnstation statt; jedoch wurde ab Werkstation berechnet unter Vergütung der 10 Tonnen-Fracht bis zu der betreffenden Vollbahnstation. Die Anschlußfracht vom liefernden Werk bis zur Abgangsstation war von diesen zu tragen [2].

Der jeweilig festgesetzte niedrigste Preis galt:

1. Für das Absatzgebiet innerhalb des engeren Bezirks, begrenzt von der Luftlinie Wesel-Hamm, Hamm-

1) Boecker & Comp., Schalke.
E. Böcking & Co., Mülheim a. Rhein,
Hoesch, Dortmund,
Funke & Elbers, Hagen,
Steinhauser Drahtindustrie, Bommern,
Friedrich Thomeé, Werdohl.

2) Artikel 7, Statuten 1897.

Werdohl, Werdohl-Mülheim a. Rhein, Mülheim a. Rhein-Düren, Düren-Aachen, Aachen-Wesel.

2. Außerhalb des engeren Bezirks, von dessen Peripherie ab gerechnet; hinzugeschlagen wurde aber der Unterschied zwischen den beiden Frachtsätzen ab Station Barmen bis zur Peripherie und ab Station Barmen bis zur Bestimmungsstation[1]. Dies geschah, um auch den außerhalb des engeren Bezirks ansässigen Abnehmern die gleichen Vorteile zu gewähren, welche die innerhalb des Bezirks liegenden Verfeinerer durch frachtfreien Bezug genossen.

Da die Zahlungen an das liefernde Werk direkt gingen und dieses auch die Gefahr der Außenstände selbst zu tragen hatte, so konnte natürlich auch keine Gewinnverteilung durch das Syndikat stattfinden. Es fand nur ein Ausgleich der Frachten statt, sodaß kein Werk durch die Zuweisung von Aufträgen frachtlich begünstigt oder benachteiligt wurde. Die Kosten wurden von dem Reinerlös abgezogen und darnach die zu ihrer Deckung nötige Umlage festgelegt.

Die volkswirtschaftlich außerordentlich bedeutsame Frage der Ausfuhrunterstützung griff das Hagener Walzdrahtsyndikat ebenfalls auf. Man vermied zwar den Ausdruck „Ausfuhrvergütung", da er im Auslande als eine von der Regierung gewährte Unterstützung aufgefaßt wurde, und nannte es deshalb „Preisnachlaß auf den zur Ausfuhrware verarbeiteten Walzdraht". Die Frage der „Exportbonifikation" war aktuell geworden durch das rücksichtslose Vorgehen der amerikanischen Konkurrenz auf dem Weltmarkte. Da das deutsche Drahtgewerbe zu jener Zeit mit ungefähr 60% seiner Erzeugung auf den Export angewiesen war — der deutsche Markt allein war nicht aufnahmefähig genug —, so kann man leicht einsehen, daß ein helfendes Einschreiten hier sehr am Platze

---

1) Artikel 7, Statuten 1897.

war: die Verfeinerungswerke waren oft gezwungen, Aufträge vom Auslande „unter Selbstkosten", d. h. bei Einrechnung des Inlandspreises für Walzdraht, hereinzuholen. Die Ausfuhrvergütungen bildeten daher eine alte Forderung der Drahtwerke, deren Berücksichtigung jedoch der Mangel eines Drahtverbandes im Drahtgewerbe stets gehindert hatte.

Selbstredend hatten aber die Walzdrahtfabrikanten erst für sich selbst Ausfuhrunterstützungen von seiten der Kartelle der Vorproduktion zu fordern, ehe sie selbst an die Verfeinerungsindustrie dieselben gewähren konnten. Da hatten nun am 28. September 1896 die Stahlwerke, nachdem sich das Rheinisch-Westfälische Kohlensyndikat im Zusammenwirken mit dem Kokssyndikat und den Roheisenverbänden zu solchen Preisnachlässen bereitgefunden hatte, folgenden Beschluß gefaßt, der, wie die Kölnische Zeitung [1]) meint, wohl unter dem Einfluß der Befürchtung entstanden sein mochte, daß die zollfreie Einfuhr von Halbzeug zur Herstellung von Ausfuhrdraht von der Regierung bewilligt werde:

„Falls die hauptsächlichsten Drahtwalzwerke sich zu einem Syndikat zum Verkauf für Walzdraht und Walzdrahtfabrikate zusammenschließen sollten und sich verpflichten, ihren Bedarf an Rohblöcken, vorgewalztem Material und Knüppeln in Thomas- und Martin-Flußeisen bzw. Stahl, soweit dieselben diese Materialien nicht selbst herstellen, ausschließlich von den Werken des Halbzeugverbandes beziehen, erklärt sich der letztbezeichnete Verband bereit, dem Syndikat der Drahtwalzwerke für die durch das letztere nachgewiesenen Exportmengen — bis zur Maximalhöhe von 50% der im Ganzen entnommenen Menge — eine den Verhältnissen auf dem Weltmarkt entsprechende Exportprämie pro exportierte Tonne zu vergüten."

---

1) 25. Mai 1897 No. 486.

Auf diese Erklärung hin hatten die Rheinisch-Westfälischen Drahtwalzwerke wenigstens einen „Knüppeleinkaufsverband" gegründet, und seit dem 1. Juli 1897 wurden die Exportbonifikationen von dem Halbzeugverband in Verbindung mit dem Roheisensyndikat und dem Rheinisch-Westfälischen Kohlensyndikat gewährt. Der Knüppeleinkaufsverband, der auch das Halbzeug für Feineisen umfaßte, blieb übrigens auch nach Gründung des Walzdrahtverbandes von diesem unabhängig. Es gehörten ihm jedoch nur Mitglieder des deutschen Walzdrahtsyndikats an. Diese waren, soweit sie Halbzeugkäufer waren, sämtlich beigetreten. Damit war die Voraussetzung für die Gewährung von Ausfuhrunterstützungen an die Drahtverfeinerungswerke erfüllt, und sie trat am 1. April 1898 ein.

Dem Syndikat standen von seiten des Halbzeugverbandes zur Verfügung: Mk. 12.— pro Tonne auf 60% der gemachten Drahtknüppelbezüge, die dem Knüppeleinkaufsverband gewährt und an das Walzdrahtsyndikat zur Verteilung überwiesen wurden; an diesem Betrage waren der Halbzeugverband mit Mk. 7.—, das Rheinisch-Westfälische Kohlensyndikat mit Mk. 3.— und das Roheisensyndikat mit Mk. 2.— beteiligt [1]). Sollten jedoch zur Gewährung von Ausfuhrvergütung an Käufer von Walzdraht aus diesen Einnahmen genügende Mittel nicht vorhanden sein, so sollte von sämtlichen Mitgliedern des deutschen Walzdrahtsyndikats eine Umlage zu erheben sein per Tonne des in dem betreffenden Monat zur Ablieferung gebrachten, der geldlichen Verrechnung beim Walzdrahtsyndikat unterliegenden Flußeisenwalzdrahts. Falls nicht mehr dieselbe Summe vom Halbzeugverbande gezahlt werden sollte, so sollte auch diese letzte Verpflichtung der Mitglieder wegfallen und eine neue Regelung ein-

1) Anzeiger für die Drahtindustrie vom 25. März 1898.

treten [1]. Anspruch auf Ausfuhrvergütung gewährte sowohl die nachgewiesene mittelbare oder unmittelbare Ausfuhr der Mitglieder des Knüppeleinkaufsverbandes, als auch die sonstige mittelbare oder unmittelbare Ausfuhr von Flußeisenwalzdraht, daraus gezogenem Draht und daraus hergestellten Drahterzeugnissen. Allerdings bestand dabei die Verpflichtung, den Firmen, die sich weigerten, dem Drahtstiftenverband oder anderen Vereinigungen im Drahtgewerbe beizutreten, weder mittelbar noch unmittelbar Walzdraht, gezogenen Draht oder Drahterzeugnisse zu liefern [2].

Neben der Gewährung der Ausfuhrunterstützung suchte man die Weltmarktkonkurrenz durch Gebietsschutzverträge mit ausländischen Firmen zu beseitigen. Diese wurden in der Hauptsache geschlossen, um zu verhüten, daß von einem Auslandsgebiete nach dem Zollinlande Walzdraht eingeführt werde. Hier kam besonders die holländische, belgische, französische und österreichische Konkurrenz in Betracht, deren Walzdrahteinfuhr infolge der günstigen Frachtlage großen Wettbewerb bereiten konnte. Deswegen mußte die Möglichkeit eines gegenseitigen Gebietsschutzes geschaffen werden. Derartige Verträge waren natürlich vertraulich, und es drang nichts davon in die Öffentlichkeit. Im Jahre 1899 gingen besonders von den großen amerikanischen Draht- und Drahtstiftvereinigungen Bestrebungen aus, ein internationales Drahtkartell zu schaffen. Zu diesem Zwecke fanden auch Versammlungen in London statt, wozu die Vertreter aller deutscher Draht- und Drahtstiftenwerke, ebenso die betreffenden Werke Frankreichs, Belgiens und Hollands eingeladen wurden. Die Verhandlungen scheiterten jedoch an den hohen Forderungen der Amerikaner [3]. —

1) Grundsätze über den Empfang und die Auszahlung von Ausfuhrvergütungen.

2) Wie vor.

3) Zeitschrift für Drahtindustrie VIII No. 7 (10. April 1899).

Die Tätigkeit des Verbandes hatte infolge der eigenartigen Organisation doch zu verschiedenen Mißständen geführt. Vor allem hatte der Umstand, daß man den Export nicht syndizierte, dazu geführt, daß der schrankenlose Wettbewerb und damit verbunden die dauernde Preisunterbieterei auf dem Weltmarkte fortdauerte und sich hier noch verschärfte. Der ausländische Drahtverarbeiter war dabei der tertius gaudens: er wurde infolge des billigen deutschen Halbzeugs konkurrenzfähig gemacht gegenüber dem deutschen Drahtverarbeiter. Infolgedessen machte sich auch innerhalb des deutschen Walzdrahtsyndikats eine Strömung geltend, die auf die Syndizierung des Exports hindrängte und überhaupt dem Syndikat eine viel größere Machtstellung einräumen wollte. Man verlangte immer mehr, daß das Syndikat auch um seiner selbst willen da sein, also die Regelung der einzelnen Produktion und des Absatzes vornehmen sollte. Selbstverständlich standen diesen Bestrebungen enorme Schwierigkeiten entgegen, die einerseits in dem großen Selbständigkeitsdrange der Unternehmer, die den persönlichen Einfluß zu verlieren fürchteten, und andererseits in den Ansprüchen und Forderungen bestanden, die an den neu zu organisierenden Verband gestellt wurden. Die ganze Entwicklung konnte sich nicht etwa einfach und glatt vollziehen.

Bis zum 1. Oktober 1901 war das Hagener Walzdrahtsyndikat geschlossen. Man ging schon recht frühzeitig daran, die Umgründung zu beraten. Aber bis zu diesem Termine konnte man der Schwierigkeiten doch nicht Herr werden, zumal auch noch „verschiedene der maßgebenden Persönlichkeiten in die Sommerfrische zu gehen beabsichtigten". Deswegen beschloß man, den Verband vorläufig noch um ein Vierteljahr, also bis zum 1. Januar 1902, zu verlängern, um Zeit zu neuer Beratung zu finden. Aber auch diese Zeit sollte kaum ausreichen, um alle Ansprüche zu befriedigen, die man an den neu zu organisierenden

Verband stellte, und noch Ende November tauchten sehr erhebliche Zweifel auf, ob der neue Verband zustande kommen würde. Aber die verbundenen Werke machten sich doch klar, was ihnen der schrankenlose Wettbewerb bringen würde, und bequemten sich endlich, die verlangten Zugeständnisse zu bewilligen. Der Beschluß der deutschen Drahtwalzwerke vom 14. Dezember 1901 zu Cöln im Hotel Disch, auf dem der neue Verbandsvertrag mit Gültigkeit vom 1. Januar 1902 und für die Dauer von 4 Jahren (bis zum 31. Dezember 1905) angenommen wurde, stellt einen bedeutenden Fortschritt in der Entwicklungsgeschichte des Walzdrahtsyndikats dar.

3. Der Verband Deutscher Drahtwerke.

(Verkaufsstelle Delbrück, Leo & Co., Berlin; 1902—1907).

a) Seine Organisation.

Mit der Gründung des neuen Verbandes trat die Syndikatsbestrebung für das Walzdrahtgewerbe in eine neue, wieder sehr typische Phase der Entwicklung: die Konzentrationsbewegungen kamen in viel stärkerem Maße zum Ausdruck; die Grundlage für den Aufbau wurde viel weiter, die Organisation bedeutend straffer. Das Syndikat regelte die Produktion, den Absatz und den Export aller deutscher Drahtwalzwerke und schob die Verkaufsstelle, welche die gesamte Produktion der Mitglieder in eigenem Namen verkaufte, als neues Mittelglied zwischen Produzent und Konsument ein. Schon daraus ersehen wir, daß die Konzentrationsbewegung im deutschen Walzdrahtgewerbe sehr bedeutend an Boden gewonnen hatte. Der Vergleich beider Organisationen wird dies zur Genüge darlegen.

Wir finden im neuen Verbande einen engen Zusammenschluß aller drei Produktionsbezirke: „Rheinland-Westfalen“, „Südeutschland“ und „Schlesien“. Das

Schachtelsystem des alten Verbandes fiel damit fort. Aber neben dieser territorialen Konzentration fand auch eine viel größere Machtvereinigung, eine stärkere Zentralisierung innerhalb des Syndikats statt.

Die wichtigste neue Bestimmung war, daß der Verband auch die Regelung des Exportes in die Hand bekam. An dem Fehlen dieser Einrichtung hatte, wie oben dargelegt, das Hagener Walzdrahtsyndikat besonders gekrankt. Die Konkurrenz der deutschen Drahtwalzwerke unter sich in den Exportgebieten wurde infolgedessen aufgehoben und der „Verband deutscher Drahtwalzwerke" konnte als ein viel bedeutender und gefürchteter Wettbewerber auf dem Weltmarkte erscheinen.

Im aufgelösten Verband hatte man den für den eigenen Bedarf bestimmten Flußeisen- und Stahlwalzdraht nicht in den Rahmen der Syndizierung gezogen. Dieser wurde von dem neuen Verbande ebenfalls erfaßt. Infolgedessen verschob sich natürlich das Machtverhältnis innerhalb des Syndikats vollkommen. Während im Hagener Walzdrahtsyndikat die reinen Werke die bei weitem größere Stimmenzahl in sich vereinigten, war dies im neuen Verbande gerade umgekehrt. Die gemischten Werke erhielten den Ausschlag im Verbande, der noch dadurch etwas verschärft wurde, daß der Verband kurz nach seiner Gründung das „reine" Drahtwalzwerk „Steinhauser Drahtindustrie" zu Bommern in Westfalen für ca. 100 000 Mk. aufkaufte und dessen Betrieb stillegte. Äußerlich kam diese Machtverschiebung schon bei der Neubesetzung der Verbandsleitung zum Ausdruck. Während diese im alten Verband von Herrn Rudolf Springmann, Mitbesitzer des „reinen" Drahtwalzwerkes „Funke & Elbers" in Hagen innegehabt worden war, übernahm nun Generaldirektor Kamp, der Leiter des großen „gemischten" Werkes „Phönix", das nun die größte Beteiligungsquote erhielt, den Verbandsvorsitz.

Auf seiten der gemischten Werke vereinigten sich nun 413 763 Tonnen Beteiligung, denen 182 484 Tonnen auf seiten der „reinen“ Werke gegenüberstanden. Das Verhältnis von „gemischten“ zu „reinen“ Werken stellte sich demnach dar wie 10 : 4,41. Man kam allerdings dadurch den „reinen“ Werken sehr entgegen, daß man bestimmte, daß unter den 11 Mitgliedern des „geschäftsführenden Ausschusses“, der das eigentlich leitende Organ war und der vor allem Betriebs- und Lieferungseinschränkungen anordnen und wieder aufheben konnte, im ganzen mindestens 5 Firmen, davon eine schlesische und zwei süddeutsche, vertreten sein müßten, die keine eigene Drahtzieherei besäßen, Walzdraht also nicht verarbeiteten [1]).

Dagegen wurde auch bestimmt, daß ein gemischtes Werk, das zu eigener Weiterverarbeitung Walzdraht vom Verbande hinzukaufen wolle, für den Zukauf nicht mehr zu bezahlen habe, als gleichzeitig andere Abnehmer im Inland für gleiche Mengen bei gleicher Qualität [2]).

---

1) Mitglieder des geschäftsführenden Ausschusses:

1.	Haspe	[rein]
2.	Schwerte	[gemischt]
3.	Phönix	[gemischt]
4.	Hoesch	[rein]
5.	Eschweiler A.-G. für Drahtf.,	[gemischt]
6.	Westfälische Drahtindustrie	[gemischt]
7.	Gebr. Stumm	[rein]
8.	Oberschles. Eisenindustrie	[gemischt]
9.	Krämer A.-G.	[gemischt]
10.	Aachener Hütten-A.-V.	[rein]
11.	Gutehoffnungshütte	[rein]

2) Durch die Bestimmung, daß auch der eigene Walzdrahtbedarf mit in den Verbandsrahmen gezogen wurde, konnten allerdings, wie aus dem großen Prozeß der Westfäl. Drahtwerke, Langendreer, gegen das Walzdrahtsyndikat hervorgeht, die gemischten Werke in die unangenehme Lage kommen, daß ihnen das Syndikat vorschrieb, für den eigenen Gebrauch nicht mehr, als ihnen nach Maßgabe der Beteiligungsziffer zustand, zu produzieren. Dadurch wurden sie dann gezwungen, ihren

Einige kleine Umänderungen in dem Umfange der Syndizierung traten auch darin ein, daß man Ausschußwalzdraht, Streckwalzdraht, d. i. zu Stangen gestreckter Walzdraht, und Puddelwalzdraht, welche man im Hagener Syndikat durch die Mitglieder selbständig hatte verkaufen lassen und nur quantitativ verrechnete, ebenfalls syndizierte. Der Spezialwalzdraht wurde quantitativ getrennt behandelt und durfte während der Verbandszeit nur von denjenigen Firmen hergestellt werden, welche sich damit schon im alten Syndikat befaßt hatten. Einerseits fiel ein etwaiger Mehrbedarf hierin zwar diesen Werken allein zu; andererseits hatten diese Firmen einen etwaigen Minderbedarf aber auch allein ohne Anspruch auf Ersatz in anderen Walzdrahtsorten zu tragen.

Da die Syndizierung sich also auf die gesamte Produktion erstreckte, so war auch eine Grundlage für die Regelung der Produktion geschaffen. Dies war selbstverständlich eine der Hauptforderungen, die man an den Verband stellen mußte, wenn er wirklich die beabsichtigte „Gesundung" der Verhältnisse erzielen sollte. Da jetzt auch der Export durch den Verband geregelt wurde, so mußte eine etwa eintretende Produktionseinschränkung alle Produzenten im gleichen Maße treffen. Der einzelne Unternehmer wurde also nicht so sehr in Mitleidenschaft gezogen, und in der gemeinsamen Beschränkung der

---

eigenen Mehrbedarf beim Syndikat, also indirekt bei den anderen, dem Syndikat angehörigen Werken zu decken. Dieser Fall trat ein, als 1903 ziemlich beträchtliche Produktionseinschränkungen (6 %) angeordnet wurden, und gab Veranlassung zu dem erwähnten Prozeß. Langendreer, welches Werk beim Abschlusse des Vertrages angeblich nicht daran gedacht hatte, daß der Paragraph dahin auszulegen sei, daß die gemischten Werke im Falle eines eintretenden Mehrbedarfs an Walzdraht für ihre eigene Weiterverarbeitung diesen nicht herstellen durften, klagte deshalb auf Nichtigkeitserklärung des Vertrages. Langendreer wurde jedoch in allen Instanzen mit seiner Klage abgewiesen. Der Fall, daß zeitweilige Betriebseinschränkung vom geschäftsführenden Ausschuß angeordnet wurde, kam allerdings später nur selten vor.

Produktion erhoffte man, zumal bei sinkender Konjunktur, ein gutes Mittel in der Hand zu haben, um eine schnelle Besserung der Verhältnisse herbeizuführen. So räumte man also dem Verbande das Recht ein, um eine eintretende Überproduktion zu beseitigen, für alle Verbandsmitglieder gleichmäßig geltende Einschränkungen anzuordnen. Jedem Verbandswerk wurde ein errechnetes Kontingent, also ein verhältnismäßiger Anteil an dem jährlichen Gesamtabsatze zugewiesen, den er für sich beanspruchen konnte, über den hinaus er jedoch nicht produzieren durfte.

Die Feststellung dieser Beteiligungsquote bildete eine der Hauptschwierigkeiten bei der Verbandsgründung. Jeder strebte natürlich danach, einen möglichst großen Anteil zu erhalten. „Kontingentsjagd“ hat man das einmal treffend genannt. Als Grundlage für die Ermittelung nahm man die Versandmengen an rohem und weiterverarbeiteten Walzdraht der Jahre 1898 bis 1901. Aus dieser Gesamtversandmenge, die die Werke nach Inland und Ausland getrennt nachzuweisen hatten, errechnete man dann, mit welchem Anteil die Produktionsbezirke „Rheinland-Westfalen“, „Süddeutschland“ und „Schlesien“ an der Gesamtherstellung von Walzdraht für Inland und Ausland beteiligt waren. Die auf diese Weise gefundenen Verhältnisziffern am Gesamtabsatze sollten für den Arbeitsanspruch dieser drei Bezirke während der Verbandsdauer bis zur etwaigen Aufnahme neuer Mitglieder maßgebend sein. Die Beteiligung neuer Mitglieder sollte zu Lasten sämtlicher Verbandsfirmen, nicht auf Kosten der beteiligten Produktionsbezirke gewährt werden. Demgemäß änderten sich bei Neuaufnahmen auch die Arbeitsanteile der einzelnen Produktionsbezirke [1]).

Um den Arbeitsanspruch jeder einzelnen Firma festzustellen, mußten alle Drahtwalzwerke ihre Versandmengen von beliebig gewählten 9 aufeinander

1) Artikel 18, Statuten 1902.

folgenden Monaten aus den angegebenen 4 Jahren nachweisen. Der Gesamtarbeitsanspruch jedes Bezirks sollte unter die demselben angehörigen Drahtwalzwerke nach den hieraus gebildeten Verhältnisziffern bemessen werden (Artikel 18, Statuten 1902) [1]).

1) Wie man aus nachfolgender Aufstellung ersehen kann, kam es auf diese Weise allerdings vor, daß einzelne Firmen mehr, andere aber auch weniger Beteiligung erhielten, als sie im letzten Jahre produziert hatten, welche Tatsache natürlich bei den Betroffenen die verschiedensten Gefühle erweckte.

	Jahresprodukt nach dem 4jährig. Durchschnitt	Nachgewiesene Produktion per 1901	Die Produktion für 1901 ist mehr:		ist weniger:	
Rhein. Westf. Gruppe:	t	t	t	%	t	%
1. Aachener Hütten A.-V	15000	3176			11824	78,8
2. Meggener Walzwerk	6000	3399			2601	43,3
3. Böcker & Comp.	29634	29583			51	0,2
4. E. Böcking & Co. Lohnwalz.	5179	5083			96	1,8
Felten & Guill.	28628	32060	3432	12,0		
5. Düsseld. Eisenhütten-Ges.	12700	9645			3050	24,0
6. Düss. Eisen- & Draht-Ind.	20165	18874			1291	6,4
7. Menden und Schwerte	28881	19717			9164	31,7
8. Hoesch	17132	17705	573	3,3		
9. Eschw. A. G. f. Drahtfabrik	18879	17862			1017	5,4
10. Eschw. Eisenwalzwerk A. G.	11607	11765	158	1,4		
11. Funke & Elbers	7257	7491	234	3,2		
12. Gewerksch. Deutsch. Kaiser	26230	25058			1172	4,5
13. Gutehoffnungshütte A.-G.	22775	24592	1819	8,0		
14. Hasper Eisen- & Stahlw.	37505	37565	60	0,2		
15. Limb. Fabr. & Hüttenver.	5118	4275			843	16,5
16. Osnabr. Kupfer- & Drahtw.	6420	5952			468	7,3
17. Phönix, Union - Hamm	66981	74909	7928	11,8		
18. Phönix, Union - Nachrodt	5456	4833			623	11,4
19. Friedr. Thomèe A.-G.	7855	7494			361	4,6
20. Westf. Drahtindustrie	58014	65755	7741	11,3		
21. Westf. Drahtwerke	20120	29490	9370	46,5		
a. Steinh. Drahtindustrie	20724	16778			3946	19,0
Süddeutsche Gruppe:						
22. Eisenwerk Krämer A.-G.	14732	11478			3254	22,1
23. Gebrüder Stumm	21209	22568	1359	6,4		
24. de Wendel & Co.	10530	9330			1200	11,4
Oberschlesische Gruppe:						
25. Oberschl. Eisenindustrie.	51349	47835			3514	6,8
	576078	564272	32674		44480	
Differenz	11806 t				11806 t.	

Die gesamte Verteilung der Produktion auf die einzelnen Mitglieder und Produktionsgruppen, sowie auf die einzelnen Walzdrahtarten ergab für das Jahr 1902, das erste Jahr des Verbandes, folgendes Bild:

Produktion pro 1 Jahr	Flußeisen Walzdraht kg	Puddeleisen Walzdraht kg	Gruppe I Weicher Fl.-W.-Dr.	II Harter Fluß-Walzdr.	III Harter einschl. Fed.-Stahlwalzdr.	IV Weicher S. M. Walzdraht	V Façonwalzdraht	Walzdraht aller Art Totalsumme kg
1. Aachener Hütten A. V.	14634000	—	—	—	—	366000	—	15000000
2. A. G. Meggener Walzwerke	3777465	720497	807827	—	—	114801	579410	6000000
3. Boecker & Co.	22714397	—	64660	—	3029425	1865387	1959748	29633617
4. Böcking & Co.[1])	1478021	37451	2042862	133627	571981	—	914739	5179681
4a. Felten & Guilleaume, Carlswerk	42920389	—	108223	12643	4970845	—	779900	48792000
5. Düsseldorfer Eisenhütten-Ges.	2273185	68814	23281	32407	10046454	—	256055	12700196
6. Düsseldorf. Eisen- & Drahtindustrie	19674433	—	—	—	490278	—	—	20164712
7. Eisenind. zu Menden u. Schwerte	24374002	3322116	122645	—	36696	659061	366480	28881000
8. Eisen- u. Stahlwerk Hoesch	5425377	—	2941044	157 2276	5709429	1466985	19244	17132355
9. Eschweiler A. G. f. Drahtfabrikat.	17375306	—	9864	—	1294306	199600	—	18879076
10. „ Eisenwalzwerk	10000812	906662	52073	—	308387	34206	305163	11607303
11. Funke & Elbers	3892680	102000	7623	29	1521840	1636979	5508	7256659
12. Gewerkschaft Deutscher Kaiser	15718459	—	9432550	—	202622	670568	205632	26229831
13. Gutehoffnungshütte	19298488	—	—	—	2166688	1309574	—	22774750
14. Hasper Eisen- u. Stahlwerk	37172850	—	147600	—	—	—	184550	37505000
15. Limburger Fabr.- u. Hüttenverein	221377	—	4496400	293811	30454	—	76289	5118331
16. Osnabrücker Kupfer- u. Drahtwerke	6109047	—	—	—	277010	26616	7564	6420237
17. Phoenix Abt. Westf. Union Hamm	65048168	196691	—	88385	155605	5491658	—	66980507
18. „ „ „ „ Nachrodt	—	5314283	116763	—	—	—	25264	5456310
19. Friedr. Thomée A. G.	766945	1472764	3544108	384003	1003908	454148	229624	7855500
20. Westfälische Drahtindustrie, Hamm	47922582	3356575	1114534	—	4022000	1390250	197935	58013874
21. „ Drahtwerke, Langendreer	13899299	4440482	836777	—	56559	777457	109791	20120369
22. Steinhauser Drahtind.	11327416	—	53826	197271	8379141	760123	7486	20724059
	386024698	20028335	25931458	2712452	44274629	13223413	6230382	498425367
23. Eisenw. Krämer A. G.	12466457	119864	—	—	1214550	930744	—	14731618
24. Gebr. Stumm	20095399	852938	8391	—	252789	—	—	21209517
25. de Wendel u. Co.	10530355	—	—	—	—	—	—	10530355
	43092211	972802	3891	—	1467330	930747	—	46371490
26. Oberschlesische Eisenindustrie	50411109	—	—	—	278960	230815	428043	51348927
	479528018	21001137	25939849	2712452	46020928	14384975	6658425	596245784

1) Die Firma E. Böcking & Co. welch in einem Vertragsverhältnis mit Felten & Guilleaume stand, trat nur mit demjenigen Teil ihrer Produktion dem Verbande bei, welchen sie für den eigenen Verbrauch und für Verkauf an Walzdrähten an dritte, ausgenommen die Firma Felten & Guilleaume, nachweisen konnte.

Von dieser Jahresproduktion an Walzdraht gingen je doch, wie nachfolgende Aufstellung zeigt, für den Eigenverbrauch der gemischten Werke 319 368 Tonnen ab, sodaß 276 877 Tonnen zum Verkauf kommen konnten [1]).

Jahres-Produktion an Walzdraht:

(in Tonnen)		Flußeisen		Puddeleisen		Spezialwalzdr.	Summa:
ab für Eisenverbrauch der gemischten Werke		269771		21001		95716	596645
Boecker & Co.	22714				6919		
Boecking & Co.	1478		37		3665		
Menden u. Schwerte	24374		4322		1185		
Felten & Guilleaume					5892		
Düsseldorf	10674				490		
Eschweiler A.-G.	17375				1504		
Osnabrück	6109				312		
Phönix	65048		196		1736		
Thomée	766		1473		5616		
Westf. Drahtind.	47925		3357		6735		
Westf. Drahtwerke	43899		4440		1781		
Gleiwitz	50411	479528		22824	938	31773	319368
		209757		8177		58943	276877
pro Quartal =		52449		2044		14836	49220

1) Als Außenseiter blieben zur Zeit der Verbandsgründung:
1. Eicken & Co., Hagen i./Westf.
2. W. Ernst Haas & Sohn in Neuhoffnungshütte bei Sinn i./W.
3. Dresler Drahtwerke G. m. b. H. in Kreuzthal i./Westf.
4. Düsseldorfer Röhren- & Eisenwalzwerke in Düsseldorf.

Die drei ersten Werke kamen allerdings als eigentliche Außenseiter nicht in Betracht. Eicken & Co. beschränkten ihren Absatz auf hochwertiges Stahlmaterial, welches se fast vollständig verfeinerten. W. Ernst Haas & Sohn legte seine Hauptkraft auf seine Gießerei-Erzeugnisse und Weicheisen, konnte den Verband also nicht erheblich schädigen. Dresler Drahtwerke endlich beschränkten sich hauptsächlich auf die Herstellung von Puddelwalzdraht, dessen Absatz bei der Vervollkommnung der Siemens-Martin-Flußeisenqualität ständig zurückging. Die Entwicklung der Düsseldorfer Röhren- und Eisenwalzwerke, die dem Syndikate bald erhebliche Konkurrenz bereiten sollten, wird uns demnächst noch näher zu beschäftigen.

Falls nun der Gesamt-Walzdrahtabsatz des Verbandes für ein Quartal nicht ausreichte, um die von jedem Verbandswerke für die Einschätzungszeit nachgewiesene und für die Arbeitsperiode beanspruchte Versandmenge zu decken und somit jeder Firma den hiernach zu bemessenden Arbeitsanteil zu gewährleisten, so hatte der „Geschäftsführende Ausschuß" das Recht, eine Produktionseinschränkung bis zu $12^1/_2$% anzuordnen. Sollte wegen Minderabsatzes eine noch größere Lieferungseinschränkung erforderlich sein, so sollte die Verkaufsstelle bei sämtlichen Drahtwalzwerken feststellen, ob und unter welchen Bedingungen Arbeitsansprüche freigegeben oder der Bezug von Walzdrahtmengen von einzelnen Drahtwalzwerken angeboten würde. Man ging hierbei von dem Gesichtspunkte aus, daß eine $12^1/_2$% überschreitende Betriebseinschränkung nur durch Einstellung einzelner Drahtstraßen wirtschaftlich durchführbar sei. Sollte auch hierdurch wider Erwarten dem Arbeitsbedürfnisse nicht abgeholfen werden, so sollten die gemischten Werke auf Anordnung des geschäftsführenden Ausschusses der Verkaufsstelle Walzdrahtmengen bis zur Höchstmenge von 5000 Tonnen pro Quartal in der seinem Bedürfnis entsprechenden Qualität abkaufen, soweit der eigene Drahtzug die entsprechende Menge verarbeitete. Als Entschädigung sollte der Grundpreis für diese Walzdrahtmengen Mk. 5.— pro Tonne unter dem jeweiligen Abrechnungsgrundpreise desjenigen Quartals betragen, in welchem die Abnahme und Lieferung des Walzdrahtes erfolge. Der Verlust, der den Verband hieraus treffen würde, und die entfallenden Frachtunkosten sollten von allen Verbandswerken anteilsweise getragen werden. (Artikel 18, Statuten 1902.)

Neben dieser Produktionskartellierung fand auch eine Vertriebkartellierung statt, ähnlich wie im alten Verbande, nur mit dem weitergehenden Umfange, daß die Verkaufsstelle nicht mehr als Agent, sondern als Kommissionär im Sinne des Handelsgesetzbuches auftrat. Die Verkaufsstelle trat infolgedessen nach außen, den Konsumenten also gegenüber, als einzige selbständige Verkäuferin des deutschen Walzdrahtes auf.

Die Preiskartellierung des alten Verbandes führte man weiter fort. Man setzte stets für einen gewissen Zeitraum im voraus den Verkaufspreis fest, der für alle Abnehmer gleich und nach der Größe der Aufträge gestaffelt war. Für bestimmte Walzdrahtdimensionen und Spezialarten galten bestimmte Überpreise. Für den engeren rheinisch-westfälischen Bezirk galt der Verkaufspreis frachtfrei Bezugsort, für Süddeutschland Frachtbasis Neunkirchen, für das übrige Deutschland ab Schnittpunkt des engeren rheinisch-westfälischen Bezirkes. Die Fracht hatte der Käufer vorzulegen; sie wurde an der Rechnung, in welcher der Preis franko Bezugsort angesetzt wurde, abgezogen. Es blieb sich für den Käufer bezüglich des Preises also gleich, welches Syndikatswerk lieferte. Dagegen lag es im Interesse des Syndikats, der Frachtersparnis wegen einem Werk, das dem Bezugsort möglichst nahe gelegen war, die Lieferung zu übertragen.

Bei der Verteilung des Gewinnes nahm man die für den Arbeitsanspruch jedes einzelnen Werkes geltenden prozentualen Beteiligungsziffern als Grundlage [1]). Für Minderlieferungen verringerte sich der Ge-

---

1) Die nachfolgende Aufstellung gibt diese Verhältniszahlen an:

	Arbeits- & Gewinn-Ziffer
1. Aachener Hütten-Act.-Verein	4,550 %
2. A.-G. Meggener Walzwerk	1,820 „
3. Boecker & Co.	2,730 „
4. E. Boecking & Co.	1,633 „
5. Düsseldorfer Eisenhüttengesellschaft . . .	4,576 „
6. Düsseldorfer Eisen- & Drahtindustrie . . .	2,094 „
7. Eisenindustrie zu Menden & Schwerte . .	4,594 „
8. Eisen- & Stahlwerk Hoesch	5,576 „
9. Eschweiler A.-G. für Drahtfabrikation . .	3,139 „

winnanteil in der Weise, daß die Werke hinsichtlich dieser Minderlieferungen nur an der Differenz zwischen dem zu zahlenden Abrechnungsgrundpreis und dem Reinerlös (das ist der Reingewinn) teilnehmen sollten. Die Werke partizipierten deshalb:

1. an der Differenz zwischen Abrechnungs- und Vorschußpreis mit ihrem, dem wirklichen Lieferungsanteil entsprechend, prozentual verkürzten Gewinnanteil,

2. an der Differenz zwischen dem gezahlten Abrechnungspreise und dem Reinerlös (d. i. der Reingewinn, soweit dessen Ausschüttung von der Generalversammlung beschlossen war), mit dem eingeschätzten vollen Gewinnanteil. (§ 22, Statuten 1902.)

Vorschußweise — die endgültige Abrechnung erfolgte vierteljährlich — vergütete die Verkaufsstelle zunächst an die vereinigten Firmen für die „frei Waggon Bahnstation" der liefernden Werke zum Versand gebrachten Monatslieferungen, und zwar bis zum 12. Tage des der Lieferung folgenden Monats netto in bar den von der Generalversammlung vierteljährlich festgesetzten Vorschußgrund-

---

10. Eschweiler Eisenwalzwerk	3,747 %
11. Funcke & Elbers	2,489 „
12. Gewerkschaft Deutscher Kaiser	5,334 „
13. Gutehoffnungshütte	7,826 „
14. Hasper Eisen- & Stahlwerk	14,094 „
15. Limburger Fabr. & Hüttenverein	1,553 „
16. Osnabrücker Kupfer- und Drahtwerk	0,397 „
17. Phönix, Westf. Union Hamm	9,255 „
18. Phönix, Westfäl. Union Nachrodt	1,031 „
19. Friedrich Thomée	2,317 „
20. Westfälische Drahtindustrie	0,666 „
21. Westfälische Drahtwerke	1,619 „
22. Eisenwerk Krämer	4,862 „
23. Gebrüder Stumm	7,926 „
24. de Wendel & Co.	4,024 „
25. Oberschlesische Eisenindustrie	1.247 „
	100,000 %

preis und den Mehrpreis für die Spezialwalzdrahtarten. (§ 20, Statuten 1902.) Dieser Vorschußgrundpreis sollte in der Regel Mk. 20.— per Tonne höher sein, als der niedrigste festgesetzte Exportpreis der Flußeisendrahtknüppel gewöhnlicher Thomasqualität ab Lieferungsstation in Westdeutschland. (§ 20, Statuten 1902.)

Aus den Auslandserlösen pro Quartal mußte die Verkaufsstelle ermitteln, welcher Durchschnittsgrundpreis für die zur Ausfuhr gelangten Walzdrähte bei den erzielten Verkaufspreisen unter Berücksichtigung des tatsächlich gewährten Kassakontos, der gehabten Frachtauslagen, der entfallenden Provisionen etc., jedoch ohne Berechnung irgendwelcher Verbandsunkosten ab der Werkstation sich ergab, und dieser Durchschnittsgrundpreiserlös pro 1000 kg netto Kasse bildete den Abrechnungsgrundpreis, zu welchem die verbundenen Firmen ihren Lieferungsanteil an Walzdraht für das betreffende Vierteljahr für Inland und Ausland ab Werkstation in den Verband einzubringen hatten. Die Erlöse für Ausfuhrwalzdraht sollten also für die Abrechnung der Mitglieder untereinander den Selbstkostenpreis der gelieferten Walzdrähte für den Verband bilden. Ein Preisverlust für die Verkaufsstelle bezw. für den Verband wurde dadurch ausgeschlossen. Um die Ausfuhrvergütungen für den nach dem Auslande direkt oder indirekt abgesetzten Walzdraht, die von den Rohstoffverbänden oder einzelnen Rohstoffwerken geleistet oder von den Verbandsmitgliedern eventuell ergänzt wurden, wurde der erzielte durchschnittliche Auslandsgrundpreis erhöht. (§ 20, Statuten 1902.)

Als Rechtsform stellte der neue Verband wiederum eine Gesellschaft des Bürgerlichen Rechts dar. Er wurde an den Drahtstiftenverband, der ebenfalls diese Rechtsform hatte, angegliedert und übernahm dessen gesamte Organisation, soweit nicht die Verschiedenheit beider Gewerbszweige eine Veränderung erforderte. Generaldirektor Kamp, der, wie wir sahen, den Vorsitz des neuen Walzdrahtverbandes übernahm, war bereits Leiter des Drahtstiftensyndikats. Der Sitz des Verbandes wurde deshalb auch von Hagen, wo man die Verkaufsstelle auflöste und nur eine Agentur zur Bequemlichkeit der Kundschaft aufrecht erhielt, nach Berlin verlegt.

Der organische Aufbau paßte sich gut den Verhältnissen des neuen Walzdrahtverbandes an. Entsprechend der größeren Zentralisierung erhielt er damit eine breitere Grundlage. Wir finden als Organe des Verbandes deutscher Drahtwalzwerke:

1. die Generalversammlung,
2. den geschäftsführenden Ausschuß,
3. die als Kommissionärin, Abrechnungsstelle und Rechtsträgerin fungierende Verkaufsstelle,
4. einen oder mehrere von der Generalversammlung erwählte Vertrauensmänner,
5. das Schiedsgericht.

Das System der „Ausfuhrvergütung“ wurde vom „Verband deutscher Drahtwalzwerke“ weiter fortgeführt, aber neu organisiert. Es wurde eine besondere „Exportkasse“ errichtet. Dieser wurden die gesamten Ausfuhrvergütungen der Rohstoffverbände (Kohlen, Koks, Roheisen und Halbzeug etc.) überwiesen, desgleichen die Summe, die der Verband als solcher zahlte, und ferner die Beisteuer bestimmter Werke, die die Rohstoffe selbst herstellten oder von einer Seite bezogen, welche Ausfuhrvergütungen gar nicht oder nicht in voller Höhe leisteten und die deshalb für ihren Lastenanteil den Fehlbetrag aus eigenen Mitteln aufzubringen oder zu ergänzen hatten. Diese Lastenanteile für die Ausfuhrvergütung wurden nach dem Umfange der Ausfuhr vor Gründung des Syndikats verhältnismäßig ermittelt und festgesetzt. Der Anteil der verschiedenen Werke ergab folgendes Bild, das auch eine recht interessante Übersicht über die Beteiligung der verschiedenen Werke an der Ausfuhr ergibt:

		Lastenanteile für die Aufbringung der Ausfuhrvergütung
1.	Aachener Hütten-Akt.-Verein	1,770%
2.	A.-G. Meggener Walzwerk	—,—
3.	Boecker & Co.	6,687
4.	E. Boecking & Co.	0,697
5.	Düsseldorfer Eisenhütten-Gesellsch.	—,—
6.	Düsseld. Eisen- u. Drahtindustrie	5,331
7.	Eisenind. zu Menden u. Schwerte	4,120
8.	Eisen- und Stahlwerk Hoesch	1,937
9.	Eschweiler A.-G. f. Drahtfabrik.	3,912
10.	Eschweiler Eisenwalzwerk	2,693
11.	Funcke & Elbers	0,639
12.	Gewerkschaft Deutscher Kaiser	6,212
13.	Gutehoffnungshütte	5,375
14.	Haspe Eisen- und Stahlwerk	6,075
15.	Limburger Fabr.- und Hüttenverein	0,695
16.	Osnabrücker Kupfer- u. Drahtwerk	1,705
17.	Phönix, Westf. Union Hamm	22,273
18.	Phönix, Westf. Union Nachrodt	—,—
19.	Friedrich Thomée	0,361
20.	Westfälische Drahtindustrie	15,783
21.	Westfälische Drahtwerke	4,690
22.	Eisenwerk Krämer	2,567
23.	Gebrüder Stumm	3,684
24.	de Wendel & Co.	—,—
25.	Oberschl. Eisenindustrie	2,794
		100,— %

Diese Lastenanteile durften jedoch pro Tonne Ausfuhrbeteiligung nicht höher sein, als die betreffenden Rohstoffverbände, für welche sie einzutreten hatten, ihrerseits Ausfuhrvergütungen gewährten. Gerade an dieser Exportvergütungspflicht der einzelnen Werke krankte der Verband besonders; denn die Werke, die die Exportvergütung aus eigener Tasche zu bezahlen hatten, wurden dadurch zu schwer belastet gegenüber solchen, für welche die Rohstoffverbände diese Vergütung leisteten.

Die Verteilung der Ausfuhrunterstützung geschah vierteljährlich auf die gesamte nachgewiesene und als vergütungsberechtigt anerkannte Ausfuhr der Verbandsmitglieder und deren Abnehmer. Für die eigene Ausfuhr des Walzdrahtverbandes kam die Ausfuhrvergütung dem Verbande selbst zu statten und diente zur Aufbesserung des Auslandserlöses. Die Bestimmung, daß nur Verbände Ausfuhrunterstützung erhalten sollten, bestand noch nicht. Der „geschäftsführende Ausschuß" konnte bestimmen, wie weit und in welcher Höhe auch den in keinen Kartellen vereinigten Walzdrahtabnehmern für ihre Ausfuhr an Drahtfabrikaten Unterstützung gewährt werden konnte.

1912 wurde dann bekanntlich in Düsseldorf die „Abrechnungsstelle für die Ausfuhr" geschaffen. Hier vereinigten sich das Rheinisch-Westfälische Kohlensyndikat zusammen mit dem Westfälischen Kokssyndikat, ferner das Roheisensyndikat, der Halbzeug- und der deutsche Trägerverband, um eine gemeinsame Abrechnung von Ausfuhrvergütungen, welche sie ihren Abnehmern gewähren würden, vornehmen zu können. Der „Verband deutscher Drahtwalzwerke" ließ ebenfalls durch diese Abrechnungsstelle seine Ausfuhrvergütung organisieren [1]).

1) Zur guten Orientierung über diese neue Organisation, die besonders in den Kreisen der „reinen" Drahtverarbeiter viel böses Blut erregte, sei das Rundschreiben, in dem der Walzdrahtverband am 16. Juli 1903 sämtlichen Beziehern von Ausfuhrvergütungen die neuen Bestimmungen über diese Materie mitteilt, wiedergegeben. (Anzeiger für die Drahtindustrie 1902, 25. August, No. 16.):

„Zur Regelung der Ausfuhrvergütung ist in Düsseldorf, Immermannstraße Nr. 39, eine Abrechnungsstelle für die Ausfuhr ins Leben getreten. Alle Anträge auf Gewährung von Ausfuhrvergütung sind deshalb fernerhin an diese Stelle zu richten. Die Tätigkeit der Abrechnungskommission erstreckt sich rückwirkend auf die Zeit vom 1. April 1902 ab.

Im allgemeinen gilt der Grundsatz, daß Ausfuhrvergütung nur gewährt wird, wenn Kohle und der gesamte Rohstoff nur vom Rhei-

Die Verkaufsbedingungen, die der Verband seinen Abnehmern vorschrieb, waren recht streng. So

---

nisch-Westfälischen Kohlensyndikat, Roheisensyndikat und Halbzeugverband, Walzdraht nur vom Verbande Deutscher Drahtwalzwerke bezogen wird. Ein weiterer Grundsatz ist, daß der die Ausfuhrware liefernde Industriezweig zur Aufrechterhaltung und Hebung seiner Ausfuhr der Unterstützung bedarf und dieses Bedürfnis nachweisen kann. Soweit Rohstoffbezüge in Frage kommen, tritt die darauf entfallende Vergütung nur von Verband zu Verband ein. Danach würden Walzdrahtbezieher für ihre Ausfuhrware Anspruch erlangen können, nicht aber die Bezieher von gezogenem Draht für die daraus hergestellte Ausfuhrware; denn sie kaufen den Draht freihändig ein, und die Abrechnungsstelle hegt die Ansicht, daß bei dem Geschäftsabschluß die Vergütung bereits im Preise gewährt ist, und daß jedenfalls bezüglich der Verkaufspreise jeder Prüfungsmaßstab fehlt, ob so billige Preise bei geschlossenem Vorgehen für die deutsche Industrie oder den in Betracht kommenden Geschäftszweig notwendig waren bezw. sind. Der Anspruch tritt auch bei Verbänden nicht allgemein ein, sondern die Abrechnungsstelle behält sich vor, rückwirkend vom 1. April 1902 ab in jedem einzelnen Falle nach Anmeldung festzustellen, ob ein Anspruch zu gewähren oder zu versagen ist. Der Anmeldung sind deshalb für jeden einzelnen Posten Rechnungsabschriften beizufügen, und die Abrechnungsstelle behält sich das Recht vor, durch einen ihrer Beamten bei demjenigen, welcher Ausfuhrvergütung beziehen will, Einsicht in sämtliche einschlägigen Bücher und Briefschaften zu nehmen, deren Vorlegung danach zur Pflicht wird. Im übrigen gelten für den Nachweis der erfolgten Ausfuhr die seitherigen Bestimmungen. Die Anmeldung hat nach einem von der Abrechnungsstelle zu beziehenden Vordruck zu geschehen und muß enthalten:

Laufende Nummern der beigefügten Rechnungsabschrift,
Seite des Rechnungskopierbuches,
Seite des Abschlußbuches und Datum des Abschlusses,
Name des Empfängers }
Bestimmungsland } der Ausfuhrware,
Art }
Reingewicht in Kilogramm,
erzielter Grundpreis-Reinerlös auf die Tonne.

Die Berechnung des Grundpreis-Reinerlöses ist auf der Rechnungsabschrift vorzunehmen und vier Spalten sind für Zwecke der Abrechnungsstelle frei zu lassen.

wurde von diesen verlangt, daß sie mindestens für die Dauer von 3 Monaten, vom Tage des letzten Bezuges an gerechnet, ihren Bedarf an Walzdraht aller Art nur von denjenigen Werken zu entnehmen hätten, welche dem Verbande Deutscher Drahtwalzwerke angehörten, und auch bei Bedarf in gezogenem Eisen- und Stahldraht solchen nur von Drahtziehereien bezögen, welche ausschließ- Verkaufsstelle des Verbandes Deutscher Drahtwalzwerke den anderweitigen Bezug des Materials genehmigt hätte.

Die Abnehmer waren durch diese Bestimmung natürlich letzten Endes vollkommen an das Syndikat gefesselt. Einerseits konnten sie ja nicht 3 Monate ohne Material leben, und andererseits wäre die Aufstapelung eines solchen Vorrats, wegen der Möglichkeit einer eventuellen Preisherabsetzung im Walzdraht, von zu großem Risiko gewesen. Außerdem erforderte die Aufstapelung ein größeres Betriebskapital.

Ferner wurden die Abnehmer dazu verpflichtet, dafür Sorge zu tragen, daß das bezogene Walzdrahtmaterial weder als Walzdraht noch als gezogener Draht zur Herstellung von Drahtstiften im inländischen Wettbewerbe gegen den Verband Deutscher Drahtstiftfabrikanten oder im Wettbewerbe gegen den Verband Deutscher Federstahlwerke in Hagen i. W. bezw. gegen den Verband Deutscher Schirmstahlfabrikanten in Altena i. W. Verwendung

---

Nur das Reingewicht wird vergütet; kann nur das Rohgewicht festgestellt werden, dann ist für Verpackung, Galvanisierung und dgl. ein verhältnismäßiger Gewichtsabzug vorzunehmen.

Die Abrechnung erfolgt vierteljährlich, ist an keine bestimmte Frist gebunden, soll aber in der Regel 30 Tage nach Eingang der Anmeldungen für das Abrechnungsvierteljahr erfolgen.

Zur Deckung der Verwaltungskosten bringt die Abrechnungsstelle von den Vergütungsbeträgen 1% in Abzug.

Meinungsverschiedenheiten und Streitigkeiten über die Ausführungsansprüche und -Sätze werden durch den Aufsichtsrat der Abrechnungsstelle endgültig entschieden; gerichtlicher Klageweg kann nicht beschritten werden."

fände, sodaß bei Weiterveräußerung des bezogenen Materials die entsprechenden Vorbeugungsmaßregeln zu treffen seien.

Um den „gezogenen Draht", für den kein Syndikat zusammenkommen konnte, möglichst zu schützen, mußten sich die Abnehmer ebenfalls verpflichten, diesen, soweit er im Inlande zum Verkauf kam, nur mit einem bestimmten Aufschlage auf den jeweiligen Walzdrahtgrundpreis zu berechnen und zu liefern [1]).

Da die Abnehmer natürlich nicht von selbst die Liebenswürdigkeit hatten, alle diese mehr oder minder strengen Vorschriften zu halten, so verlangte man denn als Sicherheit für die Einhaltung dieser Vorschriften eine Kaution von Mk. 20.— für jede Tonne des vierteljährlichen Walzdrahtbedarfs, mindestens aber Mk. 3000.— in guten börsengängigen Wertpapieren oder in eigenen Wechseln ohne Datum und Verfalltag, die bei Delbrück, Leo & Co., Berlin, zu hinterlegen waren.

Gegen Erfüllung dieser Verpflichtung erhielten die Abnehmer jedoch eine gewisse Vergütung auf den jeweiligen Walzdrahtgrundpreis.

---

1) Die Geschäftsbedingungen sind in der „Denkschrift für das Kartellwesen", bearbeitet im Reichsamt des Innern, Berlin 1906, zu finden.

Lebenslauf.

Am 25. April 1891 zu Hamm in Westfalen als Sohn des späteren Betriebschefs August Seckelmann geboren, evangelischer Konfession und preußischer Staatsangehöriger, habe ich, August Ferdinand Heinrich Robert Seckelmann, das Gymnasium zu Hamm besucht und dort im Herbst 1911 die Reifeprüfung abgelegt. Hierauf bezog ich die Universität Freiburg i. B., wo ich bis zum Frühjahr 1913 verblieb, und dann die Handels-Hochschule Köln, wo ich im Juli 1914 die Diplomprüfung bestand. Danach habe ich auf der Universität Halle-Wittenberg weiterstudiert. Stets waren die wirtschaftlichen Staatswissenschaften und die Rechtswissenschaft der Hauptgegenstand meiner Studien.

Ich habe die Vorlesungen und Übungen folgender Professoren und Dozenten gehört: in Freiburg i. B. — Bumke, Diehl, Gmelin, Liefmann, Mombert, Riezler, v. Rohland, Rosin, Schmidt, v. Schulze-Gaevernitz; in Köln — Aberer, Beckmann, Carpenter, Eckert, Flechtheim, Friedrich, Geffcken, Graven, Hirsch, Leist, Moldenhauer, Schmalenbach, Schröer, Walb, Weber, Wiedenfeld, Wieruszowski, Wygodzinski; in Halle — Loening, Stammler, Wiedenfeld. Allen diesen Herren danke ich aufrichtig für die mir gebotene Belehrung und Anregung.

Druck von Hch. Ludwig.

FSC
www.fsc.org
MIX
Papier | Fördert
gute Waldnutzung
FSC® C083411

Kolibri 360 GmbH
Ferdinand-Jühlke-Straße 7
99095 Erfurt, Deutschland
produktsicherheit@kolibri360.de